W0287514

Julia Cameron

Einsichten des Herzens

JULIA CAMERON

Einsichten des Herzens

Gebete und Bekenntnisse
für ein schöpferisches Leben

Aus dem Amerikanischen von
Ulrike Strerath-Bolz

Droemer

Originaltitel: Heart Steps
Originalverlag: Jeremy Tarcher/Putnam, New York

Die Folie des Schutzumschlags sowie die Einschweißfolie sind
PE-Folien und biologisch abbaubar.
Dieses Buch wurde auf chlor- und säurefreiem Papier gedruckt.

Copyright © 1997 by Julia Cameron
Copyright © 1998 der deutschsprachigen Ausgabe bei Droemersche
Verlagsanstalt Th. Knaur Nachf., München
Alle Rechte vorbehalten. Das Werk darf – auch teilweise – nur mit
Genehmigung des Verlages wiedergegeben werden.
Einbandgestaltung: Agentur Zero, München
Satz: Ventura Publisher im Verlag
Druck und Bindung: Spiegel Buch GmbH, Ulm
Printed in Germany
ISBN 3-426-27127-3

2 4 5 3 1

Für die, die vor uns gegangen sind

Einleitung

Dieses Büchlein ist als eine Reise gedacht, als eine Entdeckungsreise in spirituelle Regionen. Ich lade Sie ein, diese Reise im Sinne einer wissenschaftlichen Expedition zu unternehmen. Ich bitte Sie, mit diesen Gebeten und Bekenntnissen zu experimentieren und für sich selbst die Ergebnisse aufzuzeichnen, die Sie in Ihrem Leben und in Ihrem Bewußtsein feststellen werden.

Einsichten des Herzens gründet sich auf uralte spirituelle Traditionen. Es fordert Sie auf, »das Wort auszusprechen.« Anders gesagt: Dieses Buch ist nicht nur zum Lesen gedacht, sondern zum *lauten* Lesen.

»Am Anfang war das Wort«, sagt uns die Bibel. Die Alten haben die Welt ins Leben gesungen, glauben die Aborigines. Die Äthiopier glauben, die Welt und Gott selbst seien erschaffen worden, indem Gott seinen eigenen Namen aussprach. Im Glauben der Hopi war es die Spinnenfrau, welche die Welt ins Dasein sang – Wort für Wort. Die Inder glauben »*Nada Brahma* – die Welt ist Klang.« Wie dieser kurze Überblick schon andeutet, ist es kaum möglich, eine spirituelle Tradition zu finden, die keinen Wert auf die schöpferische Kraft des Wortes legt. Von den Lakota-Gesängen Nordamerikas bis zu den Liederlinien, die Australien durchziehen, haben spirituell Suchende immer die Sprache – den Klang – als sicheren Hafen genutzt. Sie ist auch eine Treppe zu höherem Bewußtsein. Ich erwarte nicht von Ihnen, daß sie das so einfach glauben. Statt dessen bitte ich Sie, zu experimentieren und selbst zu sehen, ob es wahr ist.

Der Ton dieser Gebete mag Sie zuerst überraschen. Es sind bekennende Gebete. Sie flehen nicht um göttliche Hilfe, sondern setzen sie voraus. Dies sind keine Gebete einer sündigen, gefallenen Natur, die um Erlösung bittet. Es sind Gebete, die voller Vertrauen gesprochen werden, von Kindern des Universums. Diese Gebete fordern unser Geburtsrecht ein. Sie anerkennen und erweitern unsere mit-schöpferische Bindung an eine Macht, die größer ist als wir selbst. Es sind keine Gebete des Exils. Es sind Gebete der Vereinigung, der Erneuerung und Heimkehr. Gott ist nicht »tot«. Gott ist nicht abwesend in unserer Welt. Was fehlt, ist unser Bewußtsein von Gott. Bewußter Kontakt, darum geht es in diesen Gebeten.

Im Jahr 1979 schenkte mir der Komponist Billy May ein kleines Buch mit Gebeten, *Creative Ideas* von Dr. Ernest Holmes. »Die haben mir geholfen«, sagte Billy.

»Geholfen?«

»Sie machen den Weg frei.«

Als wir damals miteinander sprachen, war ich gerade trocken geworden und fragte mich, wie ich mich ohne den Alkohol als Krücke oder Belohnung dazu bringen könnte, kreativ zu sein.

»Mir stellt sich das so dar«, fuhr Billy fort. »Wenn du an einem Projekt arbeitest und hundert schöpferische Pferde hast, brauchst du sie alle für dich. Wenn nun aber dreißig von deinen Pferden mit Geldsorgen beschäftigt sind und dreißig von deinen Pferden sich Gedanken darüber machen, wie das Projekt wohl aufgenommen wird, hast du nur noch vierzig für deine schöpferische Arbeit zur Verfügung. Diese Gebete helfen dir, deine Pferde beieinander zu halten.«

Damit reichte er mir das Büchlein.

Welch eine Revolution hat dieses kleine Buch in meinem Leben und Denken ausgelöst! Ich hatte noch nie derartige Gebete gelesen, Gebete, die in der zuversichtlichen Gewißheit ausgesprochen wurden, daß Gott – oder der

Geist – zutiefst und persönlich an unserem Leben interessiert und beteiligt ist – wenn wir nur das Wort aussprechen, das die Tür zu unserem Herzen öffnet.
Von 1979 an und bis heute habe ich mit der Kraft des positiven Wortes gearbeitet – und gespielt. Ich habe festgestellt, daß die Techniken, die ich in diesem Buch vorstelle, nicht nur einfach belebend oder stärkend sind, sondern wirklich heilend. Sie haben mir ein schöpferisches Leben geschenkt.

Julia Cameron

Einsichten des Herzens

Die Macht des Wortes
ist real,
ob es dir bewußt ist
oder nicht.

Deine eigenen Worte sind
die Steine und der Mörtel der Träume,
die du wahr machen willst.
Hinter jedem Wort
fließt Energie.

Sonia Choquette

Das Universum antwortet auf meine Träume und Bedürfnisse

Es gibt eine Ganzheit, die alle Dinge durchfließt. Diese Ganzheit antwortet auf unsere Bedürfnisse. Sie antwortet und reagiert auf unser positives, gesprochenes Wort. Wir sind mit-schöpferische Wesen, die mit – und in – einem größeren Ganzen arbeiten. Wir umfassen und umschließen diese Quelle, die uns umfaßt und umschließt. Wenn wir aus dieser inneren Quelle schöpfen, besitzen wir einen unbegrenzten Vorrat.

Durch den Akt
des bekräftigenden Gebets
stehen mir die unbegrenzten Quellen
des Geistes zur Verfügung.
Die Kraft der Unendlichkeit ist mein.

Ernest Holmes

Ich habe die Macht, grosse Fülle zu finden

Ich öffne mich einem reicheren Strom. Ich finde meine Quellen im Universum und erkenne, daß das Universum unbegrenzt ist in seiner Fülle. Ich gestatte mir, Fülle zu finden, als sichtbares Zeichen der Kraft, mit der Gott durch mich wirkt. Ich lasse es zu, daß mein Leben überquellend und reich wird, als Beispiel dafür, daß Gottes Kraft überquellend und reich machen kann. Ich nehme wachsenden Zustrom als Beweis für die Macht Gottes an. Ich bin empfänglicher Boden für Gottes Gärtnerhände.

Ich selbst tue nichts.
Der Heilige Geist
erreicht alles durch mich.

William Blake

Die Träume meines Herzens sind die Träume des Universums, das durch mich träumt

Ich bin ein Tor, durch das Gott große Dinge tut. Durch mich und mit mir kommt neues Leben in die Welt. Ich bin ein Portal, ein Eingang für die Gnade und Macht Gottes, damit sie in der Welt sichtbar werden. Indem ich meiner Erfüllung zustrebe, strebt auch Gott der Erfüllung zu. Ich bin ein Teil und ein Wort des Glaubens. Indem ich Gottes Kraft in mir annehme, setze ich diese Kraft in der Welt frei. Was ich ersehne, ist gut, und was ich tue, ist gut. Meine schöpferische Natur bringt mir und meiner Welt Segen.

Unsere schlimmste Angst ist nicht,
daß wir ohnmächtig sind;
unsere schlimmste Angst ist,
daß wir über alle Maßen mächtig sein könnten.

Nelson Mandela

Der grosse Schöpfer erschafft durch mich

Wir selbst sind Geschöpfe. Wir sind dazu bestimmt, Schöpferkraft weiterzutragen, indem wir selbst schöpferisch sind. Das ist die Gotteskraft, die sich durch uns verströmt. Kreativität ist Gottes Geschenk an uns. Wenn wir unsere Kreativität nutzen, geben wir dieses Geschenk an Gott zurück. Es ist die natürliche Erweiterung unserer schöpferischen Natur, unsere Träume wahr zu machen. Unsere Träume kommen aus einer göttlichen Quelle. Indem wir uns auf unsere Träume zubewegen, nähern wir uns unserer Göttlichkeit.

Viele Menschen beten und erhalten
Antwort auf ihre Gebete,
aber sie nehmen sie nicht wahr
– oder leugnen sie,
weil die Antworten
nicht die erwartete Form haben.

Sophy Burnham

Das Universum wacht fürsorglich über mich

Ich bin ein geliebtes Kind Gottes. Das Universum ist mein Zuhause. Ich bin sicher und geschützt an allen Orten, zu jeder Zeit. Es gibt keinen Kummer und keine Gefahr, in der nicht für mein Wohlergehen gesorgt ist. Ich nehme Führung und Schutz in allen Bereichen meines Lebens an. Was auch immer ich tue, welchen Plan, welches Projekt ich auch entwerfe, alles wird sicher behütet. Ich rufe bewußt und täglich Gottes schützende Führung an. Ich finde diese Führung in und durch Menschen und Situationen, die mir begegnen. Ich werde sanft und sicher geleitet.

Der Mensch kann nichts lernen,
wenn er nicht vom Bekannten
zum Unbekannten vordringt.

Claude Bernard

Ich bin leuchtend und sicher in meiner Verletzlichkeit

Leben erfordert Verletzlichkeit. Ich behandle mich selbst sanft und gestatte mir, verletzlich zu sein. Ich nehme mich an, wie ich heute bin, ohne Drang nach Perfektion. Ich gebe mir selbst die Freiheit zu lernen, ohne großartige Erwartungen. Ich bin ein lebendiges Wesen. Ich gestatte es meinem Leben, breiter durch die Ebene der Erfahrungen zu fließen. Ich gestatte meinem Leben eine Rast in der Sonne der Selbstannahme.

Es gibt unbekannte Kräfte in der Natur;
wenn wir uns ihr ganz übergeben, ohne Rückhalt,
führt sie uns zu ihnen;
sie zeigt uns die Formen,
die unsere beobachtenden Augen nicht sehen,
die unser Verstand nicht versteht oder erwartet.

Auguste Rodin

Alle Geschöpfe sind göttlichen Ursprungs

Alle Geschöpfe sind meine Brüder und Schwestern. Alles Leben existiert in Gott. Es gibt keine Rangordnung, nur Harmonie. Es gibt für jeden von uns den richtigen Platz. Jeder ist ein wichtiges Stück im Gewebe des Lebens. Keiner von uns ist entbehrlich. Alle haben ihren Wert. Alle sind wichtig. Ich bin ein wertvolles und wichtiges Stück im Gewebe des Lebens. Das Gewebe des Lebens ist ein wertvoller und wichtiger Teil von mir.

*Was die Menschen in den Städten nicht erkennen,
ist, daß die Wurzeln aller lebenden Dinge
miteinander verbunden sind.*

CHAN K'IN VIEJO,
ZITIERT VON JOAN HALIFAX

ALLES LEBEN IST MEIN LEHRER

Ich ehre die Weisheit des Lebens. Ich lerne vom Leben in all seinen Formen. Der Baum lehrt mich. Der Spatz und der Zaunkönig singen mein Lied. Ich bin offen für die Lektionen, die das Leben mir aus der Erde mitbringt. Ich lerne vom Wind, von der Sonne, von den kleinen Blumen und von den Sternen. Ich gehe meinen Weg ohne Hochmut. Ich lerne von allem, was mir begegnet. Ich öffne meinen Geist und mein Herz der Führung und Liebe, die aus der natürlichen Welt auf mich zukommen.

Alles ist Prozession;
das Universum ist eine Prozession
in gemessener, schöner Bewegung.

Walt Whitman

Die mich lieben, kommen an meine Seite

Indem ich um liebende Begleiter auf meiner Reise bitte, werde ich Herz an Herz und Hand in Hand in eine freundlichere Welt geführt. Wo ich mein Herz und meine Hände ausstrecke, kommt mir die Welt mit offenen Armen entgegen. Indem ich nach meiner Weisheit und meinem Mitgefühl greife, um anderen zu helfen, antworten mir andere auf die gleiche Weise. Ich bin nicht allein. Ich bin nicht ungesehen, ungehört, kein Fremder in der Welt. Indem ich mich als Freund unter Freunden betrachte, findet die Freundschaft mich. Indem ich mich als Liebhaber des Lebens betrachte, antwortet mir das Leben mit Liebe. In allen Zeiten des Kummers und der Furcht tröste ich mich selbst, indem ich die Welt tröste. Indem ich das Leben in Ehren halte, gestatte ich dem Leben, mich zu ehren.

Der Mensch kann nicht ohne Geheimnis leben.
Er hat ein großes Bedürfnis danach.

LAME DEER

ICH LIEBE MIT GÖTTLICHER KRAFT UND WEISHEIT

Das Gesicht der Liebe ist wandelbar. Ich kann lieben, ohne zu fordern, daß meine Beziehungen die Strukturen und Formen annehmen, die ich ihnen geben würde. Meine Liebe ist fließend, flexibel, hingebungsvoll, schöpferisch. Meine Liebe gestattet Menschen und Ereignissen, sich nach ihren eigenen Bedürfnissen zu entfalten. Meine Liebe ist nicht kontrollierend. Sie diktiert und fordert nicht. Meine Liebe gibt denen, die ich liebe, die Freiheit, die Form anzunehmen, die ihnen am meisten entspricht. Ich entlasse alle, die ich liebe, aus meinen Vorstellungen von ihrem Weg. Ich gebe ihnen die Würde der Selbstbestimmung, während ich ihnen eine immerwährende Liebe anbiete, deren Form sich ständig wandeln kann.

Heute bekräftige ich,
daß ich von Gott geleitet bin …
Es gibt etwas in mir, das weiß,
was ich tun soll und wie ich es tun soll,
und es verpflichtet mich darauf,
nach diesem Wissen zu handeln.

Ernest Holmes

Ich ziehe wahre Liebe an

Ich ziehe meinen passenden Partner an, die Seele, deren Liebe dem höchsten Potential meiner Seele dient, die Seele, die von meiner Seele zu ihrem höchsten Potential erhoben wird. Ich ziehe diesen Partner in Freiheit und Liebe an, wie auch ich zu ihm hingezogen bin. Ich wähle und werde erwählt, aus reiner Liebe, reinem Respekt und reiner Freiheit. Ich bin anziehend für jemanden, der mich gleichermaßen anzieht. Ich suche und werde gefunden. Wir sind ein Paar, im Himmel gemacht, um diese Erde zu verbessern.

Für mich umfaßt die Vorstellung, geliebt zu sein,
nicht nur eine nette, gemütliche, warme Beziehung zu Gott,
sondern eine, die freudvoll, erhebend und begeisternd ist,
weil sie mich erkennen läßt,
wer ich bin.

NINA YFIRY

ICH LIEBE UND WERDE GELIEBT, VOLL UND FREI

Mein Verlangen, zu lieben und geliebt zu werden, ist ein gesunder Teil meiner menschlichen Natur. Liebe zu geben und zu empfangen ist so natürlich wie ausatmen und einatmen. Ich atme die Liebe, die ich brauche, von einer Quelle ein, die in mir und rund um mich ist. Ich atme die Liebe aus, die andere brauchen. Ich werde durch beides ernährt, durch Geben und Empfangen. Ich gestatte anderen großzügig, mich zu lieben. Ich meinerseits liebe andere auf eine großzügige Weise.

Ich glaube, die dauerhafte Revolution
kommt aus tiefen Veränderungen in uns selbst,
die unser Leben in der Gemeinschaft beeinflussen.

Anaïs Nin

Mein Herz erforscht die Welt mit Staunen

Das Leben ist ein Abenteuer. Ich bin ein Entdecker. Die Welt, die ich erlebe, liegt in mir selbst. Die Abenteuer, die ich unternehme, sind ebenso sehr in mir wie in der Welt. Ich bin wunderbar und rätselhaft. Ich habe Höhen und Tiefen, die schön und weit sind. So großartig, wie die Welt ist, bin auch ich. Wir sind *ein* Leben, *ein* Stoff, *ein* Wachstum, das zu größerer Liebe hinstrebt. Indem ich mein Herz für das Abenteuer des Lebens öffne, erweitert sich mein Horizont, und mein Weg wird klar.

Die Idee ist wie eine Blaupause,
sie erschafft ein Bild der Form,
das dann magnetisch wird
und die physikalische Energie leitet,
so daß sie in diese Form fließt und sie schließlich
auf der physischen Ebene manifestiert.

Shakti Gawain

Ich bin ein Magnet für das Gute

Ich ziehe an, was ich brauche, um zu wachsen und mich auszudehnen. Wie eine Pflanze physische Nahrung anzieht, ziehe ich geistige Nahrung an. Ich ziehe Menschen, Dinge und Erfahrungen an, die mein Potential vergrößern. Ich bin ein Magnet für das Gute. Ich ziehe Liebe, Fülle, Schöpferkraft und Möglichkeiten an. Ich strahle Liebe, Fülle, Schöpferkraft und Möglichkeiten für andere aus.

Die Stellung des Künstlers ist demütig.
Er ist vor allem ein Kanal.

PIET MONDRIAN

DURCH MEINE HALTUNGEN UND HANDLUNGEN SCHREITET DAS LEBEN VORAN

Leben erweitert sich durch Leben. Ich bin ein Kanal, durch den das Leben sich erweitert und erblüht. Ich bin ein Zweig, der sich nach der Sonne streckt. Indem ich mein volles Potential erreiche, helfe ich allem Leben und erweitere es. Was für mich gut ist, ist gut für jeden. Mein Wachstum ist Wachstum für jeden. Wenn ich vorankomme, kommen wir voran. Das Universum bewegt sich durch mich. Ich bewege mich durch das Universum. In meiner Entfaltung liegen Harmonie, Anmut und Kraft.

Eines der ersten Dinge, die zu tun sind,
ist, zu lernen, anzunehmen und zu erwarten,
daß diese Kraft durch alles fließt,
was wir tun.

Ernest Holmes

Meine Schöpferkraft ist göttlichen Ursprungs und menschlich in ihrer Form

Leben ist Energie, reine schöpferische Energie. Diese Energie ist die Quelle von allem, was ich ersehne, wünsche und brauche. Wenn ich auf diese Quelle zurückgreife, um mich zu versorgen, bin ich davon frei, mich von Menschen, Institutionen und Hierarchien abhängig zu machen. Mein Wohl kommt aus allen Richtungen auf mich zu, aus allen Ecken. Kein einzelner Mensch kann mein Wohl behindern. Nichts kann mich umgehen. Gott hat Mittel und Wege, mich zu erreichen, die meine Vorstellungskraft übersteigen. Ich bitte Gott unmittelbar, meine Bedürfnisse zu befriedigen. Ich höre auf seine Führung und erwarte Unterstützung in allem, was ich tue.

Weshalb wir alle unsere Schöpferkraft benutzen sollten … ?
Weil es nichts gibt,
das Menschen so großzügig, freudvoll, lebendig,
tapfer und leidenschaftlich macht,
so wenig geneigt, zu streiten
und Dinge und Geld anzuhäufen.

Brenda Ueland

Mein Herz ist empfänglich für die Eingebungen des Geistes

Ich bin achtsam gegenüber der Führung, die sich in meinem Leben entfaltet. Ich achte auf Eingebungen aus meinem Innern und von außen. Ich handle in der Welt und gestatte es der Welt, auch in meinen Angelegenheiten zu handeln. Ich erwarte ein Universum, das auf mich reagiert und antwortet. Indem ich mich kläre und auf das Gute konzentriere, wird meine Welt klar und auf das Gute konzentriert. Ich bin ein Schöpfer, engagiert in einer schöpferischen Beziehung mit der Welt in meinem Innern und außerhalb von mir. Indem ich meine innere Welt erschaffe, antwortet meine Außenwelt entsprechend. Indem ich Frieden, Wohlstand und Freude in meinem Herzen wohnen lasse, werden diese Dinge in meiner äußeren Wirklichkeit sichtbar.

Es ist das Wissen um die wirklichen Bedingungen unseres Lebens, aus dem wir unsere Kraft und unseren Grund ziehen müssen zu leben.

SIMONE DE BEAUVOIR

MEINE SEELE GEHT SICHER AUF IHREM WEG

Der Schlüssel zu meiner Heiterkeit heißt Gleichgewicht. Ich finde Gleichgewicht, indem ich meiner inneren Weisheit und der Weisheit anderer lausche. Es gibt keine Situation, in der ich nicht einen Punkt des Gleichgewichts finden könnte. Es gibt keinen Umstand, in dem ich nicht innere Harmonie finden könnte. Indem ich darum bitte, zu Gleichgewicht und Klarheit geführt zu werden, werde ich feststellen, daß die Antworten mir entgegenkommen. Ich bin weiser als ich weiß, fähiger zu richtigem Handeln und richtiger Einstellung, als ich bislang glaubte. In jedem Ereignis suche ich den Punkt des Gleichgewichts in Gottes Handeln durch mich.

Alle Natur ist lebendig,
wach und achtsam gegenüber der göttlichen Gegenwart,
und alles im Leben
antwortet auf das Lied des Herzens.

Ernest Holmes

Ich habe das Herz eines Abenteurers

Ich habe ein weites Leben gewählt. Ich habe Abenteuer, Freiheit, Selbstverwirklichung gewählt. Ich habe Selbstdefinition, Selbstliebe, Selbsterneuerung gewählt. Das Leben erweitert sich und zieht sich zusammen, wie ich es erwarte. Ich erwarte Gutes, und gut ist, was ich erlebe. Indem ich auf das Ganze blicke, wähle ich die Möglichkeit, verbunden und doch unabhängig zu bleiben. Ich gestatte der Gotteskraft in mir, meine Wahrnehmung und meinen Aktionsradius zu öffnen und zu erweitern. Mein Horizont wird immer weiter, indem ich meine Identität im Sinne meiner Göttlichkeit definiere. Ich bin ein Abenteurer, ein Entdecker, ein Träumer, dessen Träume wahr werden. Ich heiße das Abenteuer Leben willkommen. Ich habe Mut.

Du mußt Dinge tun,
von denen du nicht glaubst,
daß du sie tun kannst.

Eleanor Roosevelt

Das Universum beschenkt mich mit Mut

Ich bin mutig. Ich gestatte dem Universum, mich zu stärken und zu unterstützen, wenn ich schwierige, fordernde und gefährliche Situationen erlebe. Ich nehme die Hilfe, den Schutz und die Führung des Universums an. Ich reagiere mit ruhiger Tapferkeit auf gefährliche Zeiten, denn ich weiß, Gottes Kraft wirkt durch mich, was sollte ich also fürchten? Gott beschützt mich. Gott umgibt mich. Gott ist in mir. Ich bin ohne Furcht.

Niemand wird in diese Welt geboren,
ohne daß seine Aufgabe gleich mitgeboren wird.

James Russel Lowell

Mein Wohl ist machtvoll und unaufhaltsam

Es gibt keine äußere Blockade für mein höchstes Wohl. Kein Mensch, keine Situation, kein Ereignis oder Unglück kann den Zufluß von Gutem zu mir aufhalten. Der Zufluß des Guten ist in mir. Alle Dinge arbeiten auf das Gute zu. Indem ich der Liebe Zugang zu mir gewähre, erfülle ich meine wahre Natur. Ich höre auf die Stimme in mir, die sagt: »Wachse, blühe, diese Liebe ist Nahrung für deine wahre Natur.« Ich nehme Liebe an, wie ich den Sonnenschein und den benetzenden Regen annehme. Sie ist natürlich. Ich muß sie nur empfangen.

Ich weiß nicht, an was in Gott du glaubst,
aber ich glaube,
er hat uns Sehnsüchte und Wünsche gegeben,
damit wir sie erfüllen,
und er hat nicht gemeint,
wir sollten all unsere Zeit damit zubringen,
den Körper zu nähren und zu kleiden.

Lucy Stone

Mein Herz weiss sicher, was ihm guttut

Ich bin optimistisch. Ich entscheide mich, an das Kommen des Besten zu glauben und es zu erwarten. Ich genieße den Tag, der mir geschenkt wird, und hoffe leidenschaftlich auf die Zukunft. Ich bin wachsam gegenüber negativem Denken und gestatte ihm nicht, meine Wahrnehmung zu überschatten. Weil ich um die unaufhaltsame Kraft Gottes weiß, sehe ich Menschen und Ereignisse realististisch, aber ich bin optimistisch, was den guten Ausgang angeht, die Veränderung zum Guten. Ich lade immer neue Gnade ein, in all meine Angelegenheiten einzudringen und wirksam zu werden, Schwierigkeiten in Gelegenheiten zu verwandeln.

Sag ja zum Leben, auch wenn du weißt,
daß es dich verschlingen wird.
Denn unter den Hindernissen und – ganz sicher –
Grausamkeiten des Lebens gibt es Zeichen dafür,
daß wir uns auf ein einzigartiges
spirituelles Abenteuer eingelassen haben
(auch wenn es anscheinend in einem Umfeld stattfindet,
das wir für eine unmißverständliche physische Welt halten).

STEPHEN LARSEN

ICH BIN GRÖSSER ALS MEIN SCHMERZ

Jeder Verlust ist eine Tür. Jeder Schmerz ist ein Eingang. Alles Leiden ist ein Durchgang. Das Universum ist groß genug, meinen Schmerz zu umfassen und mich zu trösten. Ich bin klein genug, gehalten und geliebt, geschaukelt und getröstet zu werden. Ich bin geräumig genug, Mitgefühl zu umfassen, Frieden zu umfassen. Ich bin durch mein Leid und meine Freude mit allem verbunden. Ich bin mit meinen Gefühlen verbunden, und ich bin mit anderen Menschen durch deren Gefühle verbunden. Ich bin der Berg und die Wolke. Umstände verändern sich, Situationen wandeln sich, aber ich bleibe verwurzelt in Gottes Erdboden. Das Universum tröstet mich und macht mich heil.

Ein Weiser verliert nichts,
solange er sich selbst hat.

Michel Eyquem de Montaigne

Meine Würde ist heilig und selbstgenügsam

Ich erhalte mir meinen Wert, meine Ehre und Würde, unabhängig von den äußeren Umständen. Ich gestatte der Gedankenlosigkeit und dem unangemessenen Verhalten anderer nicht, meinen Wert zu bezweifeln oder zu vergessen. In allen Zeiten des Drucks und Widerstands gründe ich mich auf die spirituelle Wahrheit, daß ich von Gott genährt, beschützt und geliebt werde. Ich weiß und bekräftige, daß alles durch Gottes Gnade zu meinem äußersten Wohl geschieht. Ich erkenne, daß kein Umstand gegen Gottes Kraft gefeit ist. Ich erbitte göttliches Eingreifen in Angelegenheiten, die mich belasten. Ich erwarte und empfange göttliches Eingreifen und Lösungen. Ich empfange direkte und aktive Hilfe.

Wenn die Welt durch menschliche Anstrengung
geheilt werden soll, bin ich überzeugt,
es wird durch einfache Menschen geschehen,
durch Menschen, deren Liebe zum Leben
noch größer ist als ihre Angst.
Durch Menschen, die sich dem Netz des Lebens
öffnen können, das uns ins Dasein gerufen hat,
und die in der Vitalität dieses größeren Leibes
ruhen können.

JOANNA MACY

DAS UNIVERSUM GIBT MIR STÄRKE

In Zeiten des Widerstands erinnere ich mich daran, daß ich stark genug bin, die Herausforderungen meines Lebens zu meistern. Ich bin jeder Situation gewachsen, jeder Schwierigkeit. Meine Quelle liegt in der Kraft des Universums, und ich gestatte dieser Kraft, durch mich zu wirken. Ich begegne dem Unglück mit Stärke. Ich habe Standvermögen. Statt auf begrenzte Kraftquellen zurückzugreifen, verlasse ich mich auf die unendliche Kraft in mir, die sich durch mich zum Guten bewegt. Ich werde von aller Liebe, von aller Kraft angetrieben, die es gibt. Liebende Stärke kann Berge zum Schmelzen bringen. Ich werde stets vom Strom des Universums begleitet und versorgt. Weil ich das weiß, zweifle ich nicht an meiner Kraft. Ich bin stark und sicher.

Das Universum wird dich belohnen,
wenn du um seinetwillen Risiken auf dich nimmst.

Shakti Gawain

Mein Geist ist gross genug für jeden Umstand

Ich genüge. Ich besitze genug Weisheit. Ich besitze genug Glauben. Ich weiß genug. Ich muß nicht streben und mich anstrengen. Ich muß mich nach nichts strecken oder mir Sorgen machen. Ich genüge. Ich gestatte dem Universum, durch mich zu wirken. Das Universum ist mehr als genug. Und ich bin es auch.

Zweifellos werden wir zu dem, was wir uns vorstellen.

Claude M. Bristol

Meine Seele ist reicher, als ich weiss

Ich ehre den Schöpfer in mir. Ich trage Reichtümer, Juwelen und Fülle mit mir. Ich besitze ein freigebiges Herz. Meine Mitgift ist Liebe, Mitgefühl, Gemeinschaft. Ich handle großzügig. Ich habe meine Quelle in Gott. Alles Gute strömt zu mir und durch mich. Was ich erreichen kann, ist grenzenlos. Ich bin die Hand des Lebens, das zu größerem Leben hinströmt. Meine Schöpfungen sind die Schöpfungen des Schöpfers in mir. Ich schaffe mit Freiheit und Kraft. Ich schaffe mit Freude und Erregung. Durch mich und in mir bewegen sich die Kräfte des Universums auf Ausdehnung zu. Ich bin Teil dieser Kraft, erweitert durch diese Kraft. Sie ist in mir und dehnt sich durch mich. Das Universum ist machtvoll und gut, und ich bin es auch.

Erwarte, daß jedes deiner Bedürfnisse erfüllt wird,
erwarte eine Antwort auf jedes Problem,
erwarte Fülle auf jeder Ebene,
erwarte spirituelles Wachstum.

Eileen Caddy

Gott ist die Wurzel meiner erfüllten Sicherheit

Mit meinen Quellen im Universum bin ich in der Lage, großzügig zu sein. Ich bin in Gottes Wohlstand verwurzelt, wie ein Baum in reicher Erde. Ich teile Gottes unendliche Fülle mit anderen. Indem ich teile, werde ich wieder angefüllt. Es gibt keinen Mangel, kein Zukurzkommen, nur Strömen. Ich vertraue darauf und bekräftige, daß es genug für uns alle ist – mehr als genug. Indem ich Gottes Fülle teile, wird mein Strom stärker. Indem ich den wachsenden Strom feiere, fallen mir Möglichkeiten und Gelegenheiten für noch mehr Großzügigkeit zu und präsentieren sich als

Anlässe für meinen erweiterten Glauben. Indem ich darauf vertraue, daß ich ein Kanal des universalen Stroms bin, gestatte ich dem Guten und der Fülle, sich durch mich zu bewegen, andere und mich selbst zu fördern. Indem ich andere fördere, werde ich gefördert.

Der Mensch ist aufgefordert,
aus sich selbst das zu machen, was er werden soll,
um sein Schicksal zu erfüllen.

Paul Tillich

Ich bin Teil eines grösseren Ganzen, und es ist ein Teil von mir

Ich öffne meinen Geist und mein Herz für den Plan eines Dienstes, der mir und anderen Freude macht. Ich nehme meine Führung und Leitung an, wenn sie sich in mir entfalten. Ich tue Dinge, die meine Führung in Kraft setzen und verkörpern. Ich entlasse andere aus meiner Planung und vertraue vollkommen darauf, daß die richtigen Menschen und Ereignisse für mich auftauchen werden, wenn ich meinem eigenen Weg folge.

Nun eint die Hände,
und mit den Händen eure Herzen.

William Shakespeare

Ich feiere die Erfüllung des schöpferischen Dienstes

Ich finde Freude darin zu dienen. Ich öffne meinen Geist und mein Herz für den Plan eines Dienstes, der mir und anderen die meiste Freude bringt. Ich nehme meine Führung und Leitung an, wenn sie sich in mir entfalten. Von meiner inneren Weisheit angetrieben, tue ich Dinge, die meine Führung in Kraft setzen und verkörpern. Indem ich mich so vorwärtsbewege, wie ich von innen her geleitet werde, entlasse ich andere aus meiner Planung und vertraue vollkommen darauf, daß die richtigen Menschen und Ereignisse auftauchen werden, um mir zu begegnen, wenn ich meinem Weg folge.

Dies wissen wir: Alle Dinge
sind miteinander verbunden,
wie das Blut, das eine Familie verbindet.
Alle Dinge sind miteinander verbunden.
Was mit der Erde geschieht,
geschieht auch mit den Söhnen der Erde.
Der Mensch hat das Netz des Lebens nicht geknüpft.
Er ist nur ein Strang darin.
Was er dem Netz antut,
tut er sich selbst an.

Häuptling Seattle

Ich heisse den Appetit auf Leben willkommen

Das Leben ist zärtlich und räuberisch. Alles ist Brennstoff für weiteres Leben. Weiteres Wachstum. Nichts, das ich erlebe, ist bedeutungslos. Alles – jede Freude, jeder Verlust, jeder Kummer, jede Gnade – ist eine Zutat zu dem größeren Selbst, an dem ich baue. Ich bin nicht allein. Alles Gefühl von Einsamkeit beruht auf Vergessen. Wenn ich mich daran erinnere, daß ich ein Teil des Lebens bin und das Leben ein Teil von mir, bin ich getröstet. Ich sehe meinen Wert. Ich erlebe meine Bedeutung. Ich gestatte dem Universum, mich voll Mitgefühl zu berühren, mich in Liebe zu wiegen. Ich werde durch das Netz des Lebens gehalten, das mir teuer ist.

Das Lied und das Land sind eins.

Bruce Chatwin

Die Erde und ich sind ein Leben

Diese Erde ist Gottes Werk. Gott ist das Werk dieser Erde. Es gibt nur einen Stoff, eine Natur, eine Energie, die durch alles strömt und alles ist. Ich bin ein Teil dieses größeren Ganzen. Dieses größere Ganze ist ein Teil von mir. Ich bin größer, als ich weiß.

Eine Entdeckung, sagt man, ist ein Zufall, der auf einen vorbereiteten Geist trifft.

ALBERT SZENT-GYÖRGYI

MEIN HERZ ÖFFNET SICH, UM MEIN TIEFSTES BESTES ZUZULASSEN

Annehmen, Offenheit, Sicheinlassen sind die Schlüssel zum Werden. Ich muß mein Bestes nicht wollen. Ich muß mein Bestes annehmen. Ich muß nicht geliebt werden wollen. Ich muß nur annehmen, daß ich geliebt werde. Ich öffne mein Herz, um das Gute anzunehmen und einzulassen, das ich ersehne. Ich öffne mein Herz, um die Liebe anzunehmen und einzulassen, die ich ersehne. Ich bin in Gott, und Gott ist in mir. Indem ich mich nach Gott sehne, sehne ich mich nach meiner eigenen, wahren Natur. Indem ich Gott bitte, mich zu erfüllen, bitte ich um die Erfüllung meiner selbst. Es gibt keinen Abstand, keine Notwendigkeit, zu gefallen und zu schmeicheln, zu wimmern und zu manipulieren. Das ganze Universum hat Freude daran, sich so auszudehnen, wie es wünscht. Meine Sehnsüchte sind die des Universums. Sie erfüllen sich, indem das Universum durch mich und auf mich zu wirkt.

Wir haben gelernt zu glauben,
daß das Negative realistisch
und das Positive unrealistisch ist.

SUSAN JEFFERS

MEINE NAHRUNG KOMMT AUS VIELEN QUELLEN

Ich öffne mich der Fülle aus allen Richtungen. Ich öffne mich der Nahrung und der Liebe. Ich empfange mein Wohl in vielen Formen, durch viele Menschen. Ich nehme mein Wohl in all den vielfältigen Verkleidungen und Masken an, die es anlegen kann. Mein Wohl kommt zu mir in Gestalt von Menschen, Ereignissen und Gelegenheiten. Mein Wohl kommt zu mir als weiser Rat, Freundschaft, Leidenschaft und Freude. Ich halte mein Wohl in Ehren, indem ich seine vielen Formen erkenne. Ich bin dankbar und achtsam gegenüber dem überströmenden Gut des Lebens.

Wir werden die Natur unseres
ganz eigenen Genius' entdecken,
wenn wir den Versuch aufgeben,
uns eigenen oder fremden Vorbildern anzupassen,
wenn wir lernen, wir selbst zu sein,
und unseren natürlichen Kanälen erlauben,
sich zu öffnen.

Shakti Gawain

Loyalität ist meine Gabe und meine Natur

Ich bin loyal mir selbst und anderen gegenüber. Ich stehe treu zu dem, was ich glaube, und zu denen, an die ich glaube. Meine Werte gründen sich auf spirituelle Prinzipien. Ich setze Prinzipien vor Personen. Ich passe meine Loyalitäten nicht der Bequemlichkeit an. Der Grundstein meines Lebens ist meine Wertschätzung für das, was ich als echt und wahr erkannt habe. Darauf stützt sich alles andere: daß jeder von uns Göttlichkeit enthält, daß jeder von uns Respekt wert ist, daß jeder von uns ein Geburtsrecht auf Würde und Ehre besitzt. Weil ich das weiß, fällt mir Loyalität leicht, mühelos leicht. Gegründet auf meine eigene Göttlichkeit bin ich dem treu, was ich als Wahrheit erkannt habe.

Wir sind die Flut,
wir sind die Ebbe.
Wir sind die Weber,
wir sind das Netz.

Shekinah Mountainwater

Ich feiere die Vereinigung gleicher Herzen

Ich ehre die gleiche Weisheit aller Seelen. Ich höre auf meine eigene Führung und spreche allen Seelen dieselbe Würde zu. Ich vertraue darauf, daß ich richtig geführt werde, wenn ich hinhöre. Ich vertraue darauf, daß auch andere, wenn sie hinhören, richtig geführt werden – perfekt für das höchste Wohl aller.

Man muß lernen, mitten im Handeln still und mitten in der Ruhe vibrierend lebendig zu sein.

INDIRA GANDHI

MEIN TEMPERAMENT UND TEMPO SIND IM GLEICHKLANG MIT DEM STROM DES UNIVERSUMS

Ich gebe meine Ängste und mein Gefühl der Dringlichkeit auf. Ich gestatte Gott, mein Lebenstempo zu bestimmen. Ich öffne mein Herz für Gottes Zeitmaß. Ich überlasse meine Termine, meine Pläne und mein Streben Gottes sanftem, wenn auch oft raschem Zeitmaß. Indem ich mein Herz für Gottes Entfaltung öffne, findet mein Herz Frieden. Indem ich mich in Gottes Zeitmaß entspanne, findet mein Herz Trost. Indem ich Gott gestatte, den Ton und Zeitplan meiner Tage zu bestimmen, finde ich mich selbst zur richtigen Zeit am richtigen Ort, offen und empfänglich für Gottes Gelegenheiten.

Was die Menschen am meisten fürchten, ist,
einen neuen Schritt zu gehen,
ein neues Wort auszusprechen.

Fjodor Dostojewski

Ich ergreife den Augenblick

Ich bin fließend und spontan. Ich reagiere und antworte offen und locker auf das wechselnde Gesicht des Lebens. Ich bin konzentriert, aber leichten Herzens. Ich lege Freude und Begeisterung in mein Tun. Ich beziehe meine Energie aus dem Leben selbst. Ich bin ein Ausgang für die Energie des Universums, um Wandel, Wachstum und Erweiterung zu fördern. Indem ich meine Ziele und Wünsche erweitere und ausdehne, erweitern sich meine Energien und mein Standvermögen entsprechend. Ich fülle mein neues Potential aus. Weil ich weiß, daß mich eine universale Kraft speist, begegne ich dem Leben mit Sicherheit, Spontaneität und Freude. Ich bin mehr als genug.

Heute lebe ich in der ruhigen,
freudigen Erwartung des Guten.

Ernest Holmes

Meine Seele ist geduldig und beherrscht

Ich bin geduldig. Ich kann mit der Ambivalenz leben. Ich bin in der Lage, Situationen sich entwickeln und verändern zu lassen. Ich bin in der Lage, Ergebnisse abzuwarten. Ich ertrage ruhige Zeiten des Nichtwissens, während sich Lösungen entwickeln und erscheinen. Ich erzwinge keine Lösungen. Ich warte die erfolgreiche Entwicklung von Schwierigkeiten und Differenzen ab. Mein Herz ist weise. Es weiß, wann ich handeln muß und wann Nichtstun das Richtige ist. Ich vertraue auf mein geduldiges Herz. Ich vertraue auf die Kraft meiner Beherrschung.

*Das Leben schrumpft und wächst
abhängig vom Mut des einzelnen.*

Anaïs Nin

Der Tod ist eine Tür zum Weiterleben

Leben beabsichtigt Leben. Es gibt keinen Tod, mit dem nicht ein anderes Leben beginnt. Es gibt kein Ende ohne Neubeginn. In jedem Verlust, in jeder Trauer ist die Hand des Trostes, des Glaubens verborgen, die darauf wartet, mich vorwärts zu leiten. Ich nehme die neuen Bereiche an, die sich mir durch einen Verlust eröffnen. Ich öffne mein Herz für die große, leise Gnade, die beginnt. Alles Vergangene trage ich im Herzen. Mein Herz wird vom Leben getragen, von der Liebe, von der Vergangenheit, die mich durchströmt, die in mir gegenwärtig ist, wenn sie sich der Zukunft entgegenträumt. Ich öffne mein Herz für die Führung derer, die ich nicht verloren habe.

Spring!

JOSEPH CAMPBELL

ICH BESITZE EINEN INNEREN KOMPASS

Ich suche in allen Dingen nach Hilfe und Führung. Ich höre meine Führung deutlich und reagiere aufmerksam darauf. Ich bin frei zu wählen und frei, meine Entscheidungen zu ehren. Ich handle mit Zutrauen und Freiheit, bewege mich darauf zu, das auszudrücken, was Gott in mir ist. Indem ich mein Leben Gottes leitender Fürsorge öffne, verändert sich mein Leben von Grund auf.

Entwickle Interesse am Leben, wie du es siehst;
an Menschen, Dingen, Literatur, Musik
– die Welt ist so reich, sie summt förmlich
von reichen Schätzen, schönen Seelen und
interessanten Menschen.
Vergiß dich selbst.

Henry Miller

Das Universum ist in ständigem Kontakt mit mir zu meinem Wohlergehen

Ich öffne meinen Geist und mein Herz der Führung des Universums. Ich bin offen für Führung in all ihren vielen Formen. Ich nehme die Hilfe des Universums durch Menschen, Ereignisse und Orte an, die mich inspirieren und lehren. Ich lausche dem Lied des Lebens, das mit vielen Instrumenten gespielt wird – von Kindern, Tieren, dem Wind, einem Vogel, einem Sonnenstrahl, der auf Glas glitzert. Alles spricht meine Sprache. Ich lausche mit dem

Herzen auf alle Sprachen. Mein Herz hört immer höhere Frequenzen von Führung, während ich meine eigenen Gedanken zu möglichen höheren Bereichen erhebe, die mich leiten und umfassen.

Hab Vertrauen zu dir selbst. Deine Wahrnehmungen sind oft viel treffender, als du selbst es glauben willst.

Claudia Black

Meine Wahrnehmung ist scharf und treffend

In Zeiten des Zweifels erinnere ich mich an meinen scharfen Spürsinn. Ich bin aufmerksam und empfänglich. Ich weiß – und bemerke –, was ich wissen muß. Ich nehme Menschen und Ereignisse richtig wahr. Meine Antennen sind empfindsam und scharf. Ich lasse nicht zu, daß Leugnen meine Wahrnehmung blockiert. Ich bin klar und intuitiv. Ich bin scharfsinnig, wissend und sensibel. Äußere Erscheinungsbilder können mich nicht irreführen. Ich spüre die Wahrheit, begegne der Realität richtig. Ich bin genau auf meine Umwelt abgestimmt. Ich bin gegründet und sicher. Ich bin empfindsam und sicher. Meine Empfindsamkeit macht mich sicher. Sie ist eine göttliche Gabe, und ich benutze sie gut.

Die wahre Entdeckungsreise besteht nicht darin,
neue Landschaften zu suchen,
sondern neue Augen zu bekommen.

Marcel Proust

Mein Blick ist klar und weit

Ich entscheide mich für die Wirklichkeit und gegen das Leugnen. Ich entscheide mich für die Klarheit und gegen die Furcht. Ich entscheide mich dafür, mein ganzes Potential für klare, gegründete Gedanken und Handlungen zu nutzen. Ich nehme göttliche Führung in ihren vielen Formen an. Geführt und klar, handle ich in meinem eigenen Interesse zu meinem eigenen Wohl und zum höchsten Wohl anderer.

Der Rhythmus meines Herzens ist die Geburt
und der Tod aller Lebewesen.

THICH NHAT HANH

MEINE SEELE IST EIN MITFÜHLENDES HERZ

Ich bin mitfühlend. Ich erlaube meinem Herzen und meiner Vorstellungskraft, die Schwierigkeiten und Sorgen anderer zu erfassen. Indem ich mein eigenes Gleichgewicht bewahre, finde ich in mir die Kraft dazu, Sympathie, Aufmerksamkeit und Unterstützung zu verbreiten. Wenn andere trauern, höre ich offen und mit sanfter Stärke zu. Ich biete Loyalität, Freundschaft und menschliches Verständnis an. Ohne zu untergraben oder zu ermächtigen, helfe und unterstütze ich, damit sie ihre Kraft finden. Ich erlaube der Heilkraft des Universums, durch mich zu fließen und so die Herzen und Gefühle derer zu trösten, denen ich begegne.

Ich kann nicht glauben,
daß das undurchschaubare Universum
sich um eine Achse des Leidens dreht;
die seltsame Schönheit der Welt
muß doch sicher irgendwo auf reiner Freude ruhen!

LOUISE BOGAN

MEIN HERZ IST EIN GEFÄSS DER ZÄRTLICHKEIT, EIN BALSAM IN SCHWIERIGKEITEN

Ich bin mitfühlend mit mir selbst in meiner eigenen Verletzlichkeit. Ich bin zärtlich zu mir selbst, in allen schwierigen und herausfordernden Zeiten. Ich nehme meine menschlichen Grenzen und menschlichen Gefühle an, die ich ehre und denen gegenüber ich achtsam bin. Ich gestatte dem Universum, mich zu trösten, wenn ich meine Augen und mein Herz schwierigen Wahrheiten öffne.

Lerne, dich der Stille
in dir zu nähern und zu wissen,
daß alles im Leben einen Sinn hat.

ELISABETH KÜBLER-ROSS

ICH BIN EIN HEILER, UND MEINE LIEBE IST MEDIZIN

Liebe ist die größte Medizin. Ich bitte darum, heilende Medizin für andere zu sein. Ich bitte mein Herz, seine Grenzen zu erweitern und andere zu lieben, wie sie geliebt werden wollen. Ich bitte mein Herz, seine Grenzen zu erweitern und sich der Liebe zu öffnen, wie ich geliebt werden will.

Eines Tages wurde mir plötzlich klar,
daß alles reiner Geist ist.

RAMAKRISHNA

LEIB UND SEELE SIND EINS

Es gibt keine Trennung zwischen Leib und Seele, Geist und Materie. Eine Essenz, eine Einheit fließt durch alles Leben. Diese Essenz, die Gotteskraft, ist vollkommen rein, vollkommen perfekt. Ich beanspruche für mich die Gesundheit und Perfektion dieser göttlichen Kraft. Mein Körper ist schön, heilig und geliebt. Geist durchströmt meinen Körper mit strahlender Güte. Ich erlebe Vitalität, Begeisterung, Energie und Kraft. Meine physische und meine spirituelle Natur sind ein und dasselbe. Die Wünsche und Bedürfnisse meines Körpers sind göttlichen Ursprungs. Indem ich auf meine innere Führung höre, bewege ich mich immer weiter auf vollkommene Gesundheit und mehr Energie, immer positivere Gedanken,

Gefühle und Handlungen zu. Mein physischer Körper ist ein Mittel, meine spirituelle Gesundheit in die Welt zu tragen.

Hör hin. Mach in dir einen Weg
für dich selbst frei.
Hör auf, in die andere Richtung zu blicken.

RUMI

ICH LAUSCHE MIT DEN OHREN MEINER SEELE

Ich lausche mit den Ohren meines Herzens. Ich bin achtsam gegenüber den Äußerungen der Liebe. Ich antworte dem Ruf der Liebe. Ich reagiere mit Zutrauen darauf, mich in Liebe nach außen zu wenden. Ich höre zu, werde geführt und handle nach dieser Führung in der Überzeugung, daß sich durch mich und auf mich zu Gutes entfaltet.

Großherzigkeit ist die wichtigste Tugend
auf der spirituellen Reise.

MATTHEW FOX

FREIHEIT UND WÜRDE KENNZEICHNEN MEINE BEZIEHUNGEN

Ich entlasse alle Seelen aus meinen Plänen mit ihnen. Ich gebe meine Kontrolle und mein Urteil über das Wachstum und richtige Handeln anderer auf. Ich erkenne und akzeptiere, daß göttliche Führung in jedem von uns wirkt. Ich gestatte anderen, das Drehbuch ihres Lebens und ihres Umgangs mit mir selbst zu schreiben, nach ihren eigenen Bedürfnissen und ihrer eigenen Führung.

Wir sind geboren, um die Herrlichkeit Gottes in uns sichtbar zu machen.

Nelson Mandela

Schöpferkraft ist mein Geburtsrecht

Ich bin von Natur aus ein Schöpfer. Schöpferkraft ist die natürliche Ordnung des Lebens. Leben ist Energie – reine, schöpferische Energie. Es ist mein Geburtsrecht, mein Leben und meine Erfahrungen mit zu erschaffen. Meine Träume kommen von Gott. Die Macht, meine Träume wahr zu machen, ist gottgegeben. In allem Leben wohnt eine unterschwellige Schöpferkraft, auch in uns. Wenn wir uns für unsere Schöpferkraft öffnen, öffnen wir uns dem Großen Schöpfer, der mit uns und in uns arbeitet.

Jedes Kind ist ein Künstler.
Das Problem besteht darin, ein Künstler zu bleiben,
wenn man heranwächst.

PABLO PICASSO

MEIN HERZ IST EIN GARTEN FÜR KREATIVE IDEEN

Ich erkenne, daß Kunst im Herzen beginnt. Ich liebe meine schöpferische Natur, und ich liebe es, ihr Ausdruck zu verleihen. Ich schaffe in einem Akt der Liebe und Verbundenheit. Ich gestatte dem Universum, durch mich zu träumen, durch mich zu handeln, durch mich zu schaffen.

Warum weinst du?
Die Quelle ist in dir …

Rumi

Mein Leben liegt im Zentrum von Gottes Bewusstsein

In Gottes Herz gibt es keine Distanz. Es gibt keine Trennung. Ich befinde mich im Zentrum meines Wohls. Es entfaltet sich, wo ich bin und überall. Zu allen Zeiten und an allen Orten bin ich – ist jeder – im Herzen Gottes. Gott kann man nicht verlassen. Wir werden nicht verlassen. Selbst wenn ich mich ganz allein fühle, bin ich noch immer beschützt. Alle Ereignisse, so schmerzhaft sie sein mögen, bewegen sich auf das Gute zu.

Ich habe die ganze Welt verstanden … und den Abgrund und den Ozean und alle Dinge. In diesen Dingen habe ich nichts gefunden als göttliche Kraft.

Angela von Foligno

Alles, was ich liebe, ist dem Geist kostbar

Alles, was ich liebe, liebt auch Gott. Jeder Mensch, den ich schätze, ist in Gottes Herz. Es gibt keinen geliebten Menschen, dem Gott nicht helfen kann. Es gibt keine Schwierigkeit, keine Barriere, die Gott nicht auflösen kann. Im Herzen allen Lebens ist Gottes Herz. Wer auch immer wir sind, wie auch immer wir beten, unsere Gebete werden erhört. Ich bete voller Vertrauen zu Gott, er möge wirksam im Leben derer handeln, die ich liebe. Ich vertraue darauf, daß sich für sie Situationen und Gelegenheiten in einer göttlichen Ordnung entfalten werden, die alle zum höchsten Wohle führt.

Wenn wir etwas erschaffen,
erschaffen wir es immer zuerst
in Form von Gedanken.

Shakti Gawain

Ich bin Erfahrung, die sich erweitert

Ich bin geboren und hauche dem Leben Leben ein. Ich mache Erfahrungen und erweitere Erfahrung. Bewußt und schöpferisch erkenne ich mein ganzes menschliches Potential. Es ist größer und weiter als meine individuelle Sicht. Indem ich meine Menschlichkeit erkenne, die ich mit anderen teile, und mich ihr verschreibe, wachsen und vermehren sich meine Möglichkeiten und Fähigkeiten. In Gott verwurzelt, bin ich ein Wunder. Das Wunderbare ist natürlich.

Jede schöpferische Errungenschaft ist kanalisiert,
sei es Musik oder Kunst oder theoretische Wissenschaft.
Wir haben die Fähigkeit,
uns auf Energien einzustellen
und sie für uns zur Wirklichkeit werden zu lassen.

Frank Alper

Ich bin ein Instrument göttlicher Schöpfung

Ich biete mich als Kanal höherer Kreativität an. Ich gestatte dem Universum, durch mich zu wirken. Ich gebe meine Gedanken an Beschränkungen und Potentiale auf. Ich nehme einen erweiterten Begriff des Ichs an. Ich nehme einen erweiterten Begriff des Dienens an. Ich werde dazu angeleitet zu wachsen, und ich nehme dieses Wachstum frei und uneingeschränkt an. Ich gestatte Gottes Struktur in mir, ihre vollständigste Form zu finden.

Wir haben Angst vor Gefühlen.
Wir eilen durch unser Leben
auf der Suche, aber ohne zu leben.
Für diejenigen, die ein Interesse daran haben,
genau hinzusehen, wird Leben zur Kunst.

Diane Mariechild

Die Zeit ist mein Freund

Meine Zeit ist weit und flexibel. Ich habe genug Zeit, mehr als genug Zeit, meine Träume und Ziele zu erreichen. Ich nutze meine Zeit klug. Ich verstehe den Fluß der Zeit. Ich gehe entspannt, erhebe Anspruch auf mein Recht, mein eigenes Tempo und meinen Rhythmus zu bestimmen, meine Geschwindigkeit und meine Bahn durchs Leben. Die Zeit beherrscht mich nicht. Die Zeit dominiert mich nicht. Ich arbeite mit der Zeit als einem flexiblen Werkzeug. Ich genieße meinen Gebrauch der Zeit.

Zeit ist der Stoff,
aus dem das Leben gemacht ist.

BENJAMIN FRANKLIN

Ohne Disziplin
gibt es überhaupt kein Leben.

KATHARINE HEPBURN

DIE ZEIT IST MEIN PARTNER

Ich entscheide mich dafür, meine Zeit fröhlich und ausgedehnt zu nutzen. Ich habe jede Menge Zeit, mehr als genug Zeit. Ich fülle meine Zeit mit Liebe, Ausdehnung, Begeisterung, Ausgelassenheit und Bindung. Ich handle und ruhe in vollkommenen Abständen. Der richtige Gebrauch meiner Zeit fällt mir leicht. Ich bestimme den Rhythmus meiner Tage und Jahre und achte wachsam auf innere und äußere Hinweise, die mich in sanfter Harmonie halten. Zeit ist mein Freund und mein Partner. Ich lasse sie für mich arbeiten. Ich atme Furchtsamkeit aus und atme Erneuerung ein. Ich bekämpfe die Zeit nicht, und ich ergebe mich ihr nicht. Wir sind Verbündete auf meinem Weg durchs Leben.

Der Heilige Geist ist unser Harfenspieler,
und alle Saiten,
die in Liebe angerührt werden,
müssen klingen.

Mechthild von Magdeburg

Mein Herz ist ein Kanal für die göttliche Liebe

Ich öffne mein Herz für die Liebe. Ich lade die Liebe des Universums ein, durch mich zu lieben, mich selbst und andere zu nähren. Ich empfange und gebe Liebe in einem natürlichen Strom. Meine Liebe ist stetig und doch immer in Veränderung, immer reaktionsbereit. Meine Liebe ist konstant und flexibel zugleich. Wenn ich Liebe gebe, spüre ich Liebe. Wenn ich lieben will, werde ich geliebt. Ich schätze mich selbst ebenso vollständig und tief, wie ich andere schätze, die ich liebe.

Wenn wir die göttliche Gegenwart
überall erkennen, dann wissen wir,
daß sie auf uns reagiert und
daß es ein göttliches Gesetz der Liebe gibt,
die sich für immer an uns verschenkt.

Ernest Holmes

Mein Herz kennt seinen Partner

Ich öffne mein Herz, um die Liebe meines wahren und vorherbestimmten Partners zu empfangen. Ich öffne mein Herz, um meinem wahren und vorherbestimmten Partner Liebe zu schenken. Ich öffne mich der göttlichen Führung, was unser richtiges Verhältnis zueinander betrifft. Ich vertraue vollständig darauf, daß ich die Seele erkennen werde und von ihr erkannt werde, zu der ich vollkommen passe. Ich brauche keine Kunstgriffe, keine Listen, keine Strategien. Meine wahre Natur ist es zu lieben, und das ist alles, was für diese Liebe nötig ist.

Wenn du jedes Blatt
als ein Ding für sich ansiehst,
kannst du den Baum sehen,
kannst du den Geist des Baumes erkennen,
kannst du mit ihm sprechen,
und vielleicht kannst du beginnen, etwas zu lernen.

William J. Rausch

Mein ganzes Sein ist hellwach und lebendig

Ich nehme die Führung an, die mich in feiner Gestalt erreicht. Ich gebe den Hochmut meines Intellekts auf und heiße statt dessen wache Intelligenz willkommen. Ich gestatte meinem Verstand, auf mein Herz zu hören. Bei den Entscheidungen meines Lebens gestehe ich meinem Herzen eine Stimme zu. Ich heiße beide willkommen, Verstand und Herz, in dem Wissen, daß sie mich in Partnerschaft gut führen werden. Es gibt keine Situation, in der ich verlassen bin. Es gibt keinen Ort, an dem ich nicht gefunden werden kann. Indem ich erst auf mein Herz und dann auf meinen Verstand höre, stelle ich fest, daß das Universum in sanfter Klarheit mit mir spricht. Es ergibt sich ein Weg, auf dem ich sicher gehe.

Wir glauben, daß Gottes Verstand
alle Dinge regiert.
Wir glauben, daß es eine göttliche Intelligenz gibt,
die regiert und führt,
berät und Ratschläge gibt, die uns wissen macht,
was wir unter allen Umständen und zu allen Zeiten tun sollen,
wenn wir ihr nur vertrauen.

Ernest Holmes

Gott hilft mir, führt und leitet mich

Ich werde immer geführt, immer geleitet. Es gibt keine Wüste, keinen Kummer, keine Ödnis, die zu verlassen ist, als daß Gott mich finden könnte. Ich werde geliebt. Ich werde geschätzt und wahrgenommen. Ich werde immer gehört. Selbst dann, wenn meine Gebete scheinbar auf Schweigen treffen, werden sie noch gehört. Gott ist immer bei mir. Ich bin in Gottes Gegenwart, und Gott ist gegenwärtig in mir. Wenn ich mich seiner Führung öffne, werde ich immer geleitet, hilft er mir immer. Ich kann die Stimme Gottes in mir hören. Ich kann das Drängen meiner Seele hören. Wenn ich aufschreie vor lauter Angst, verlassen zu sein, selbst in dieser Verzweiflung flüstert Gottes Stimme in mir, wenn ich nur zuzuhören vermag.

Alle Schöpfung ist ein Ausdruck von Gottes Freude –
von Gott, der sich selbst in einer Gestalt sieht,
sich selbst in seinem Handeln erlebt
und sich in uns weiß, wie wir sind.

ERNEST HOLMES

MEINE WAHRE NATUR IST DIE ERFAHRUNG VON EINHEIT

Alle Trennung beruht auf Furcht. Alle Furcht beruht auf Illusion. Wir vergessen, daß wir eins sind. Wir vergessen, daß deine Freude meine Freude ist. Dein Schmerz mein Schmerz. In unserer Einheit finden wir Gemeinschaft, Mitgefühl, Trost, Kommunikation. In unserer Einheit sind wir ein Volk, eine Erde, ein Lied. Jeder von uns singt einen richtigen Ton. Jeder von uns trägt zu dem Chor bei. Jeder von uns enthält die Weisheit, die Breite und Höhe, um uns alle in unserer ganzen Menschlichkeit zu umfassen. Wenn wir uns erinnern, wer wir sind, wissen wir, daß es nur Vereinigung, nur Hoffnung, nur Gutes gibt, das sich für uns alle entfaltet. Wenn wir uns erinnern, daß Gott bei uns ist und wir in Gott, fällt die Furcht von uns ab. Die Einsamkeit vergeht. Vereinigung und Jubel füllen mein Herz.

Gott kennt keinen Abstand.

Charleszetta Waddles

Niemand geht verloren, alle werden gefunden

Es gibt keinen Ort und keine Person außerhalb Gottes Reichweite. Wie ich in Gott bin und Gott in mir und allen Menschen ist, beeinflusse ich direkt Menschen und Ereignisse durch mein schöpferisches Bewußtsein. Deshalb beanspruche ich in einem Geist der Zusammenarbeit und Zwanglosigkeit das höchste Wohl für alle in allen Situationen.

Was wir brauchen, sind mehr Menschen,
die sich auf das Unmögliche spezialisieren.

THEODORE ROETHKE

MEIN HERZ IST EIN THRON DES MUTS

Leben erfordert Mut. Allen Mut, den ich brauche, bekomme ich vom Leben selbst. Ich werde bei jedem Schritt geführt und unterstützt. Ich muß mich nur öffnen, um Unterstützung und Führung zu erhalten. Ich gebe meiner Demut die Ehre, indem ich mein Bedürfnis nach Hilfe eingestehe. Ich heiße die Würde willkommen, Gleicher unter Gleichen zu sein. Ich gebe mir selbst die Ehre, weil ich den Mut besitze, meiner Führung zu folgen.

... nur ein zärtliches Gefühl
für mein eigenes inneres Fortschreiten,
das etwas von meiner Verbindung
mit dem Göttlichen enthält.

PERCY BYSSHE SHELLEY

ICH ENTFALTE MICH ÜBER MEINE ÄNGSTE HINWEG

Ich gebe alle Tagesordnungen und Zeitpläne auf, die in meinen Ängsten wurzeln. Ich gebe alle Rationalisierungen und Verteidigungen auf, die sich auf meine Ängste gründen. Ich öffne statt dessen mein Herz für die heilsamen Aussichten mitfühlender Geduld mit anderen und mir selbst. Ich erlaube mir den Luxus von Zeit, die Würde des richtigen Handelns zum richtigen Zeitpunkt.

Das Leben muß unsere Praxis sein.
Es ist nicht genug, spirituelle Wahrheit zu hören
oder auch eigene spirituelle Einsichten zu haben.
Jeder Aspekt dessen, was mit uns geschieht,
muß Teil unserer Lernerfahrung sein.

Diane Mariechild

Das Universum ist mein Partner bei allem, was ich tue

Ich führe mein Leben in Partnerschaft mit dem Universum. In allen Situationen habe ich Entscheidungs- und Wahlmöglichkeiten, die mich zur Freiheit und Erweiterung führen. In allen Zeiten von Dunkelheit oder Schwierigkeiten bekräftige ich, daß es eine Tür gibt, die sich öffnen wird, wenn ich anklopfe. Ich bin nie getrennt von Gottes Macht. Nichts steht zwischen mir und Gott. Ich bin in Gott, und Gott ist in mir. Wir sind *ein* Stoff, *eine* Energie, *ein* Leben.

Immer wieder müssen wir zum Anfang zurückgehen.
Wir sollten uns nicht dafür schämen.
Es ist gut. Es ist wie Wasser trinken.

Natalie Goldberg

Gott ist immer bei mir und in mir

In Zeiten des Widerstands nehme ich göttliche Hilfe für mein Leben an. Ich lade göttliches Handeln und Eingreifen in meine Angelegenheiten ein, erwarte sie und heiße sie willkommen. Ich erkenne, daß keine Situation gegen Gottes Macht gefeit ist. Ich erbitte und empfange Eingreifen in Angelegenheiten, die mich belasten. Ich suche und empfange unmittelbare und aktive Hilfe. Ich bitte um Führung und bin sicher, daß ich sie auch erhalte. Ich bitte um Weisheit, Trost, Klarheit und alle Eigenschaften, die ich nötig habe. Weil diese Eigenschaften in Gott sind und Gott in mir ist, werden meine Gebete immer erhört.

Aller Stoff ist Energie in Bewegung.
Sie lebt und fließt.
Geld ist symbolisch gesehen
ein goldener, fließender Strom
konkretisierter Lebensenergie.

THE MAGICAL WORK OF THE SOUL

ICH BIN EIN KÖNIGREICH VOLL VON REICHEN SCHÄTZEN

Ich werde reichlich versorgt. Wenn ich bitte, empfange ich. Wenn ich nach innen greife, fließt mir von außen die Quelle zu. Es gibt keinen Mangel, kein Zögern. Ich werde direkt aus dem Überfluß des Universums gespeist. Meine Bedürfnisse werden befriedigt. Meine Wünsche werden erfüllt. Ich greife zuversichtlich auf die göttliche Quelle zurück, weil ich weiß, daß sie mir mit unmittelbarer und vollständiger Aufmerksamkeit antwortet.

Je mehr wir lernen, im Vertrauen
auf unsere Intuition in der Welt zu handeln,
desto stärker wird unser Kanal sein
und desto mehr Geld
werden wir zur Verfügung haben.

SHAKTI GAWAIN

GELD IST EIN KRÄFTIGER STROM, DER MIR ZUFLIESST UND ZUM GUTEN DURCH MICH FLIESST

Geld ist ein Mittel zum Zweck. Es ist ein Diener, kein Herr. Wenn ich um Geld bitte, bitte ich um Versorgung. Sie kann mich in Form von Geld erreichen, aber auch in anderen Formen. Ich bin wach für die vielen Gestalten, die meine Versorgung annehmen kann. Indem ich Geld als eine Form annehme und empfange, empfange ich Versorgung auch in allen anderen Formen, in denen sie auftaucht, und heiße sie willkommen.

In deinem Innern ist ein Künstler,
von dem du nichts weißt. ...
Sag schnell ja, wenn du es weißt,
wenn du es vom Anbeginn des Universums an
gewußt hast.

RUMI

DAS UNIVERSUM BRINGT GESCHENKE FÜR MEIN HERZ

Ich gestatte dem Universum, durch mich zu wirken, um mir zu schenken, was es ersehnt. Ich blockiere mein Wohl und meine Erweiterung nicht mehr durch gierige Forderungen oder Geiz. Statt dessen öffne ich mein Herz und meinen Verstand für ein Leben im Wohlstand. Ich gestatte mir selbst, mir zeigen zu lassen, wie man großzügig und im Überfluß lebt. Gott ist der Gärtner, und ich bin der Boden. Ich gestatte Gott, mein Leben in jeder Hinsicht fruchtbar zu machen.

Erforsche täglich Gottes Willen.

C. G. Jung

Mein Vertrauen erweitert sich

Indem ich Vertrauen übe, lerne ich, noch mehr zu vertrauen. Ich ehre mich selbst für die Tapferkeit, Risiken einzugehen. Indem ich Risiken eingehe, lerne ich, mehr zu riskieren. Das Leben unterstützt meine Erweiterung zu einem größeren und besser gegründeten Selbst. Ich bin in der Lage, Fehler freimütig zuzugeben und leichten Herzens Kurskorrekturen vorzunehmen. Ich sehe mich als ein Fortschreiten, als eine Arbeit, die vorangeht. Ich dehne mein Mitgefühl für Wachstumsschmerzen auf mich selbst und andere aus.

Unsere Alten haben uns gesagt,
daß alle heiligen Plätze
mit uralter Weisheit ausgestattet sind.
Diesen Zentren wohnen Kräfte inne.

JOSEPH RAEL

DIE ERDE IST MEINE WEISE LEHRERIN

Ich begrüße die Weisheit dieser Erde. Ich nehme die Jahreszeitlichkeit meines Lebens in allen Dingen an. Ich begrüße meine Phasen scheinbaren Schlummers ebenso wie die sichtbareren Zeiten des Wachstums. Ich vertraue auf die ruhigen Zeiten scheinbarer Abwesenheit als notwendige Reifezeit für eine fruchtbare Zukunft.

Ziel des Lebens ist es zu leben,
und leben heißt, aufmerksam zu sein, freudvoll,
trunken, heiter, göttlich aufmerksam.

Henry Miller

Meine Zukunft erblüht in mir

Die Zukunft ist jetzt bei mir. Sie entfaltet sich in mir, gegenwärtig und entschlossen. Meine Träume und Sehnsüchte sind die Saat meiner Zukunft. Ich habe alles in mir, was ich brauche, um meine Herzenswünsche ganz und gar wahr zu machen. Weil Gott in mir ist und ich in Gott bin, gibt es kein Sehnen, das nicht erfüllt werden kann, wenn ich seine Erfüllung zulasse. Es gibt nichts Gutes, das mir nicht zukommen kann, wenn ich sein Kommen zulasse. Es ist nicht notwendig, daß ich das Kommen eines Menschen, eines Ereignisses oder einer Situation »will«. Ich muß meinen Willen nur darauf einstellen, daß ich die Entfaltung meiner Sehnsucht zulasse.

Mein leiblicher Körper ist ein Tempel
des lebendigen Geistes, der ihn belebt,
ihn nach dem Bild seiner eigenen Perfektion umgestaltet
und in vollkommener Gesundheit,
Harmonie und Ganzheit erhält.

ERNEST HOLMES

GOTT IST DER GROSSE ARZT, UND ICH WERDE GEHEILT

Ich baue meine körperliche Gesundheit auf einer spirituellen Basis auf. Indem ich meine Aufmerksamkeit auf die Gotteskraft in mir richte, verbessert sich meine spirituelle Gesundheit, und damit stärkt sie meine körperliche Vitalität. Alles Gefühl von Anspannung und Erschöpfung, von Überwältigung oder Müdigkeit wird weggewaschen, wenn ich mich daran erinnere, daß Gott die Quelle meiner Energie, meiner Kraft ist. Gott ist der große Schöpfer. Mit Gott in mir erschaffe ich strahlend gute Gesundheit. Ich erschaffe Schönheit und Heiterkeit in meinem Körper. Mit Gott in mir entlasse ich alle negativen Gedanken und Bedingungen, die mich körperlich und geistig schwächen. Indem ich meine spirituelle Gesundheit erhöhe, verbessert sich auch meine physische Gesundheit. Indem ich mich daran erinnere, daß mein Körper ein Geschenk Gottes ist, sorge ich für ihn mit liebevoller Aufmerksamkeit, und er antwortet mit strahlender Gesundheit.

Heute identifiziere ich meinen Körper
mit dem Handeln Gottes,
dem strahlenden Leben des göttlichen Wesens.
Ich identifiziere meinen leiblichen Körper
mit meinem geistigen Körper,
beanspruche, daß sie ein und dasselbe sind.
Ich weiß, daß jeder Teil meines Körpers
mit der strahlenden Vollkommenheit des lebendigen Geistes in Verbindung steht.
In jedem Teil meines Seins ist Vollkommenheit,
vollkommene Ganzheit und Vollständigkeit.

Ernest Holmes

Mit Gott schaffe ich mir strahlende Gesundheit

Gott ist die Quelle meiner Gesundheit, die Quelle meiner Heilung. Es gibt keine Bedingung, die durch spirituelle Mittel nicht verbessert werden könnte. Ich bin in Gott.

Gott ist in mir. Meine Gebete werden erhört, innerlich wie äußerlich. Indem ich mich an meine eigene göttliche Natur erinnere, indem ich mich der Gesundheit und des Strahlens erinnere, die zu Gott gehören, stärke ich sowohl meinen Leib als auch meine Seele. Indem ich mich für göttliche Hilfe öffne, für göttliche Unterstützung und ein Bewußtsein göttlicher Gegenwart in mir, errichte ich meine spirituelle und körperliche Gesundheit. Ich beanspruche für mich göttliche Hilfe, göttliche Gesundheit, göttliche Heilung.

Denke dich selbst als eine leuchtende Kraft,
erleuchtet und vielleicht für immer angesprochen
durch Gott und seine Boten.

Brenda Ueland

Ich bin ein geplantes und kostbares Kind des Geistes

Ich gehe nicht allein. Ich bin nicht ohne Freunde. Ich werde geleitet, geführt, ermutigt und getröstet. Die Erde hat Pläne mit mir. Ich werde geliebt und geschätzt. Meine Stimme wird gehört. Mein Lied ist ein wertvoller Ton in der Symphonie des Lebens. Ich denke an diese Dinge und behandle mich selbst mit Achtung. Ich gehe sanft mit meinen Ängsten um, mitfühlend mit meinem Schmerz. Ich versichere mir mit Sanftmut, daß ich nicht verlassen, niemals ungehört oder ungesehen bin. Ich bitte das Leben, mir mit Leben entgegenzukommen. Ich öffne mein Herz und meinen Verstand den Zeichen der Gemeinschaft. Ich empfange Freundschaft in vielen Formen. Ich erkenne die vielen Gesichter der Liebe. Ich bewege mich in der Gemeinschaft liebender Führer und führender Liebe.

Wer die Verantwortung annimmt,
ein Kind Gottes zu sein,
nimmt damit das Beste an,
das das Leben ihm zu bieten hat.

Stella Terrill Mann

Das Universum pflegt mein Herz

Ich schöpfe Ermutigung aus vielen Quellen und finde Unterstützung. Ich werde von liebenden Mächten gewiegt und liebkost, die mich zu meinem Besten leiten. Ich kann mich auf immer tiefer reichenden Ebenen sicher und beschützt fühlen, während ich mich in der Welt bewege.

Es macht einen großen Unterschied,
ob wir die Welt um uns herum
nur anschauen oder sie sehen.

FREDERICK FRANCK

ICH FINDE STÄRKE IN MEINEM WISSEN

Ich vertraue auf meine Klarheit. Ich öffne mich dem Wissen, das ich brauche, um in allen Situationen klar und deutlich zu sehen. Ich nehme Unterstützung für mein Wissen aus allen Quellen an. Ich gestatte dem Universum, mich in liebenden Armen zu halten, während ich alle richtigen Erkenntnisse aufnehme.

Vertraue darauf, daß das Universum
für dich und mit dir arbeitet.

Sanaya Roman

Meine Entscheidungen sind weise und gut geleitet

In Zeiten der Ziellosigkeit finde ich einen Mittelpunkt, indem ich in mir nach der führenden Stimme suche. Ich lausche auf die Hinweise meines Herzens. Ich bin achtsam gegenüber Zeichen und Signalen in der Welt rund um mich. Ich öffne meine Gedanken, um die Führung zu empfangen, die mir durch Fremde zukommen könnte. Selbst in Zeiten der Blindheit weiß ich, daß ich geführt werde. Wenn ich spüre, daß ich nicht sehen oder hören kann, selbst dann werde ich geführt. Ich bin nicht allein. Ich bin nicht verloren. Es gibt keinen düsteren Kummer, der nicht vom sanften Regen der Führung durchdrungen werden kann, wenn ich nur mein Herz öffne.

Man sieht nur mit dem Herzen gut;
das Wesentliche ist dem Auge unsichtbar.

ANTOINE DE SAINT-EXUPÉRY

ICH LEBE IN LIEBENDER HARMONIE

Ich ziehe Menschen an, die reine und liebende Herzen besitzen, hohe Ideale, tiefes Mitgefühl und gute Laune. Ich selbst verkörpere ein reines, liebendes und mitfühlendes Herz. Ich liebe andere durch Gott, und Gott liebt andere durch mich. Ich nehme Freundschaften an, die in dieser wahren Liebe begründet liegen. Ich biete Freundschaft von dieser wahrhaft liebenden Art an. Ich treffe auf Liebe in den Menschen, denen ich begegne, und wer mir begegnet, trifft in mir auf Liebe.

Wenn wir achtsam sind auf die Musik der Natur,
finden wir, daß alles auf Erden
zu ihrer Harmonie beiträgt.

Hazrat Inayat Khan

Ich tanze anmutig im Takt des Universums

Ich antworte dankbar und liebevoll auf die Geschwindigkeiten, Handlungen und Bedürfnisse anderer. Indem ich erkenne, daß wir einander in einem großen, feinsinnigen Tanz ergänzen, nehme ich ihr Wachstum und ihren Schritt als Zutat zu der feinen Musik meines Lebens an. Ich akzeptiere ihre Entscheidungen und ihre Handlungen als ebenso vollständig geführt und würdevoll wie die meinen. Indem ich mit dem Leben in Partnerschaft lebe, lege ich Wert auf meine Verbesserung und Erweiterung durch das Handeln anderer. Ich reagiere mit Liebe, Zutrauen und Würde, wenn ich herausgefordert werde.

Wir alle haben alle Weisheit, alles Wissen,
das wir jemals brauchen, in uns.
Es steht uns zur Verfügung durch unseren intuitiven Verstand,
der unsere Verbindung mit der
universalen Intelligenz darstellt.

Shakti Gawain

Ich halte meine Integrität als Individuum in Ehren

Ich halte meine eigene Integrität und die Integrität anderer in Ehren. Ich werde von Liebe geführt. Ich gestatte mir, die Liebe zu spüren, die andere führt. Wie die Erde genieße ich Zeiten der Erneuerung. Ich vergebe Unzulänglichkeiten und Fehler, Arroganz und Kurzsichtigkeit. Ich lasse zu, daß solche menschlichen Schwächen sich im anmutigen Strom des Lebens auflösen, das weitergeht. Das Leben ist ein Fluß, der durch mich fließt, mich vom Urteilen reinigt, reinigt durch die Wasser des Mitgefühls.

Ich gestatte dem Leben, zärtlich und klar zu sein. Ich wähle den längeren Blick der Weisheit, nicht die kurzlebigere Befriedigung, »recht zu haben«.

Wären die Türen der Wahrnehmung sauber,
würde dem Menschen alles so erscheinen,
wie es ist: unendlich.

William Blake

Mein Herz ist eine grüne Wiese mit vielen Blumen

Ich öffne mein Herz, um Liebe und Respekt zu empfangen. Ich öffne es nach vielen Richtungen. Ich gestatte meinem Wohl, mich aus allen Richtungen zu erreichen. Indem ich mich erinnere, daß das Universum meine Quelle ist, entlasse ich andere aus allen Forderungen, daß sie die Quelle für mein Wohl sein sollten. Ich gestatte dem Universum, mich zu unterstützen, wie es will, nicht wie ich es fordere. Ich gebe meinen engen Blickwinkel zugunsten einer breiteren Sicht der Ereignisse auf. Ich vertraue darauf, daß ich, wenn ich andere und mich selbst respektiere und ehre, auch ebenso behandelt werde.

Ich lerne noch immer.

MICHELANGELO

Alle überlebensgroßen Fragen zu unserer Gegenwart
hier auf Erden und dazu,
welche Gaben wir zu verschenken haben,
sind spirituelle Fragen.
Wer Antworten auf diese Fragen sucht,
ist auf der Suche nach einem heiligen Weg.

DR. LAUREN ARTRESS

DIE WASSER MEINES GEISTES SIND TIEF UND REIN

Ich schöpfe aus der Quelle universalen Erlebens und Bewußtseins. Ich fülle diese Quelle wieder auf, indem ich achtsame Liebe und Freundlichkeit in die Welt setze. Ich respektiere die Einheit aller Dinge und ihre Verbindung untereinander. Ich lebe bewußt und schöpferisch als Teil einer heiligen Ganzheit.

Hier, in diesem Körper, befinden sich die heiligen Flüsse:
Hier sind die Sonne und der Mond ebenso
wie alle Wallfahrtsorte …
Ich habe keinen anderen Tempel angetroffen,
der so glückselig ist wie mein eigener Körper.

Sraha

Ich bin ein geliebtes Geschöpf, kostbar für die Welt

Ich liebe und werde geliebt. Ich bin ein unverzichtbarer Bestandteil im Gewebe des Lebens. Ich bin mit allem verbunden. Alle Dinge sind mit mir verbunden. Ich beanspruche und erlebe meine verbundene Göttlichkeit. Ich erlebe die innere Göttlichkeit aller Dinge. Indem ich die Göttlichkeit in mir und anderen anerkenne und begrüße, erlebe ich Harmonie und gesunde gegenseitige Abhängigkeit. Alles bewegt sich durch mich und mit mir dem Guten entgegen.

Das Aufeinandertreffen zweier Persönlichkeiten
ist wie der Kontakt zweier chemischer Substanzen:
Wenn es eine Reaktion gibt,
werden beide umgewandelt.

C. G. Jung

Ich tanze den Tanz des Lebens in begeisterter Partnerschaft

Ich entdecke Verbesserung und Erweiterung durch die Unterschiede, die ich zu anderen feststelle. Ich reagiere mit Liebe, Zutrauen, Würde und Neugier, wenn ich herausgefordert werde. Ich erlebe jede Herausforderung als eine Gelegenheit, meine Stärken und meine Flexibilität zu erproben. Ich halte meine eigene Autonomie und die der anderen in Ehren. Ich halte meine eigenen Wünsche auch dann in Ehren, wenn ich die der anderen in Ehren halte. Ich anerkenne und respektiere meine Ähnlichkeit und Verschiedenheit zu den Menschen, mit denen ich umgehe. Ich gestatte meinem persönlichen Universum, mannigfaltig und bunt zu sein. Ich achte in mir selbst und allen, denen ich begegne, die Würde unserer einzigartigen Individualität und wandelbaren Wünsche.

Immer wenn du nicht deiner eigenen inneren Führung folgst, spürst du einen Verlust an Energie, einen Verlust an Kraft, ein Gefühl spirituellen Totseins.

Shakti Gawain

Mein Herz hält an seiner Integrität fest

Ich lebe Integrität. Ich bin authentisch in meinen Reaktionen auf Menschen und Ereignisse. Ich reagiere mit Würde und Mut aus dem tiefen Glauben heraus, daß ich würdig bin. Meine Werte sind es wert. Meine Prinzipien sind von meinem inneren Wissen geformt, nicht von den äußeren Umständen. Ich setze dem wechselnden Strom der Ereignisse in meinem Leben eine innere Stetigkeit entgegen, einen inneren Kompaß. Ich bin ganz und einheitlich an Leib, Verstand und Geist. Meine Integrität ist natürlich.

Wie unvollkommen das Erscheinungsbild auch sein mag,
wie schmerzhaft oder mißtönend,
es gibt doch eine darunterliegende Vollkommenheit,
eine innere Ganzheit, ein vollständiges, vollkommenes Leben,
das Gott heißt.

ERNEST HOLMES

MEINE PHYSISCHE GESUNDHEIT RUHT AUF EINEM SPIRITUELLEN FUNDAMENT

Mein Körper ist das geliebte Gefäß meines Geistes. Ich behandle meinen Körper mit Zärtlichkeit und sanftem Respekt. Ich biete meinem Körper Freundschaft und Unterstützung. Mein Körper spricht zu mir von den Bedürfnissen meines Geistes. Wenn ich Ruhe brauche, bittet mein Körper mich, meinen Geist zu erfrischen. Wenn ich hungrig bin, bittet mein Körper mich, mich an Leib und Seele zu nähren. Wenn ich auf die Hinweise und Signale meines Körpers höre, entfaltet sich mein spiritueller Weg mit Klarheit und Kraft. Der Geist spricht durch den Körper zu mir. Wir verkörpern unser spirituelles Leben. Indem ich meinen Körper als gleichwertigen Partner meines Geistes anerkenne, wächst die Kraft meiner Seele. Wenn die Gesundheit meiner Seele strahlend und lebendig wird, findet auch die Gesundheit meines Körpers neue Lebenskraft. Körper und Seele sind ein Leben, eine innere Natur. Ich grüße sie als liebende Partner. Mein Körper und meine Seele leben in schwingender Harmonie.

Alle Gesundheit beruht auf folgendem:
Es sollte ein Genuß sein zu fühlen,
wenn Wärme die Haut streichelt,
ein Genuß, aufrecht zu stehen, zu wissen,
daß die Knochen sich leicht unter den Muskeln bewegen.

DORIS LESSING

DIE NATÜRLICHE WELT IST MEIN ZUHAUSE UND MEIN HORT

Ich ehre die natürliche Welt. Ich sehe sie in der Weisheit der Entfaltung Gottes. Ich gebe meinen Widerstand dagegen auf, mich voll und in Schönheit zu entfalten. Ich begrüße das Geheimnis meiner eigenen Entwicklung. Ich lade die göttliche Natur ein, mich und andere zu erweitern und zu nähren.

Du bist ein Kind Gottes;
wenn du dich klein machst,
nützt das der Welt nichts.

NELSON MANDELA

KREATIVITÄT IST MEINE WAHRE NATUR

Die Weigerung, schöpferisch zu sein, ist ein Akt des Wollens und widerspricht unserer wahren Natur. Wenn wir uns für unsere Kreativität öffnen, öffnen wir uns für Gott: für gute, wohlgeordnete Führung. Wenn wir unsere schöpferische Erfüllung anstreben, bewegen sich alle Teile unseres Lebens auf Harmonie zu. Wenn wir unsere Kreativität stärken, stärken wir die Verbindung zum Schöpfer in uns. Künstler lieben andere Künstler. Unsere Verbindung zu Gott ist mit-schöpferisch, von Künstler zu Künstler. Es ist Gottes Wille für uns, in schöpferischem Überfluß zu leben.

Gott, schütze mich vor diesen Gedanken.
Menschen denken nur mit dem Verstand.
Er, der ein bleibendes Lied singt,
denkt mit dem Mark seiner Knochen.

William Butler Yeats

Wir sind tiefe Musik

Ich bin eine Musik, die darauf wartet, gehört zu werden. Ich bin ein Lied, das sich entfaltet. Meine Töne sind die Stimme des Lebens, das majestätisch durch mich singt. Ich öffne meine Kehle dem Wort der Schöpfung. Ich spreche meine Wahrheit aus und baue mein Leben darauf auf. Ich öffne meinen Mund, um die Herrlichkeit herauszuschreien, die ich in mir fühle. Ich gebe Gott und Gottes Plan mit mir eine Stimme. Ich weigere mich, klein zu sein, wenn Gott will, daß ich groß bin. Ich dehne mich ohne Stolz, ohne Hochmut. Ich dehne mich durch Liebe. Ich öffne mein Herz und meinen Verstand für die helleren, klareren und freudigeren Aussichten, die das Leben für mich bereithält. Ich lasse das Leben durch mich das bessere Leben erschaffen, das ich ausspreche und sehe.

Erfahrung ist nicht das,
was mit einem Menschen geschieht.
Es ist das, was ein Mensch mit dem anfängt,
was mit ihm geschieht.

Aldous Huxley

Ich ergreife meine gegenwärtige Wirklichkeit und nehme ihre Geschenke an

Ich gebe alle »Wenn«-Pläne für mein Glück auf. Ich finde Glück und Frieden in meinen gegenwärtigen Lebensumständen. Ich erlaube der Güte, mich zu jeder Zeit und an jedem Ort zu durchfließen. Ich öffne mich dafür, Gutes aus jeder erdenklichen Quelle zu empfangen, in jedem erdenklichen Augenblick. Ich achte auf mein Wohl und genieße seine vielen verhüllten und unterschiedlichen Formen.

Einige Menschen werden nie etwas lernen …
weil sie alles zu schnell verstehen.

Alexander Pope

Ich bin im Rhythmus mit dem Strom des Lebens

Ich nehme göttliche Zeitpläne für mein Leben an. Ich gebe die Kontrolle darüber auf, in welcher Geschwindigkeit sich mein Wohl entfaltet. Ich bin bereit und geduldig zugleich, während mein Herz sich vorbereitet, Gottes Geschenke an Liebe, Freundschaft, Schöpferkraft und Überfluß zu empfangen. Ich vertraue darauf, daß mir im perfekten Zeitplan Gutes für mein höchstes Wohl zufließt.

Um mit uns selbst in Frieden zu leben,
müssen wir uns kennen.

Caitlin Matthews

Ich feiere meine ganze Menschlichkeit

Ich gestatte mir, ganz menschlich zu sein. Ich behandle mich mit liebevoller Freundlichkeit. Ich ehre und anerkenne, daß ich von Grund auf gut bin. Ich ehre und anerkenne meine Fähigkeit zu lieben, zu kommunizieren, zu teilen und zu geben. Ich muß nichts davon perfekt tun. In den Fähigkeiten, die ich besitze, liegt Schönheit.

Jeder Grashalm hat seinen Engel,
der sich über ihn beugt und flüstert:
»Wachse, wachse.«

TALMUD

MEIN GEIST FINDET GEMEINSCHAFT IN VIELEN FORMEN

Ich lasse mich vom Universum führen und trösten. Ich gestatte Menschen und Ereignissen, mich sanft zu meinem Besten zu leiten. Ich bitte in allen meinen Angelegenheiten um Hilfe und nehme die Hilfe an, die mir aus vielen Richtungen angeboten wird. Ich gehe meinen Weg nicht allein. Ich rufe nicht vergeblich. Selbst meine geflüsterten Träume werden von einem aufmerksamen Universum gehört. Ich achte auf die Hilfe, die mir bei ihrer Entfaltung zufließt.

Keine Worte mehr.
Hör nur auf die innere Stimme.

Rumi

Das Universum ist meine Führung und mein Schutz

Das Universum führt und beschützt seine Kinder. Ich lausche und höre wahre Führung, die mich zu liebender Erweiterung hinbewegt. Ich vertraue auf meine Führung und handle im Vertrauen auf sie. Ich bewege mich in neue Bereiche, denn ich weiß, der Weg ist bereit für mich. Ich gehe sicher. Meine Führung leitet mich, und ich folge ihr voller Vertrauen.

Der Wille ist dazu da, dich zu führen …
so daß du das,
was auch immer in einer Situation angemessen ist,
tun willst und auch tust.

CEANNE DEROHAN

MEINE FÜHRUNG IST WEISE UND VERTRAUENSWÜRDIG

Ich nehme die Weisheit meiner eigenen inneren Führung bereitwillig an. Ich nehme die Führung meiner eigenen inneren Weisheit bereitwillig an. Ich vertraue auch auf die innere Weisheit und Führung anderer. Ich vertraue darauf, daß andere weise und gut sind.

Wenn du spirituell wächst,
gewinnen deine Worte mehr Kraft,
um Menschen anzusprechen.

SANAYA ROMAN

MEIN HERZ IST EIN ZUHAUSE FÜR DIE LIEBE

Mein Herz ist ein Zuhause für die Liebe. Ich öffne mein Herz für Mitgefühl, Wohltätigkeit, Respekt und Anerkennung. Ich begegne denen, die ich treffe, mit Offenheit und Respekt. Ich achte den Weg, den jeder geht. Ich grüße in allen, denen ich begegne, Gottes Würde. Alle Unterschiede, alle Schwierigkeiten werden bemerkt, aber nicht verurteilt. Ich respektiere die Individualität jeder Seele. Ich akzeptiere unsere Gleichheit und Geschwisterlichkeit.

Mitgefühl ist die letztgültige und bedeutungsvollste Verkörperung emotionaler Reife. Durch Mitgefühl erreicht ein Mensch den höchsten Gipfel und die tiefste Reichweite seiner oder ihrer Suche nach Selbsterfüllung.

ARTHUR JERSILD

DIE LIEBE IN MEINEM HERZEN IST KREATIV UND KONSTRUKTIV

Ich bitte mein Herz, seine Grenzen zu erweitern und andere zu lieben, wie sie geliebt werden wollen. Ich bitte mein Herz, seine Grenzen zu erweitern und sich dafür zu öffnen, so geliebt zu werden, wie ich geliebt werden will. Ich entspanne meine starren Vorstellungen über das Aussehen der Liebe. Ich öffne mich den unendlichen Variationen der Liebe. Ich finde Liebe im Gesicht einer Blume, Liebe im Glitzern der Sonne auf einer Straße in der Stadt. Die Liebe geht mit mir. Ich trage sie in meinem Herzen.

8/oktober
2025

Über die Autorin:

Julia Cameron ist eine aktive Künstlerin, die weltweit lehrt. Als Dichterin, Dramatikerin, Romanautorin und Essayistin genießt sie hohes Ansehen bei Film, Fernsehen und Theater; als Journalistin hat sie einige Preise gewonnen. Sie ist die Verfasserin der beiden Bestseller über kreative Praxis, *The Author's Way* (dt. *Der Weg des Künstlers*, Knaur TB 86102, 1996) und *The Vein of Gold*, und hat ihre Methoden fast zwei Jahrzehnte lang unterrichtet und weiterentwickelt.